Impressum
Verlag: BABADADA GmbH, Nedderfeld 112 , 22529 Hamburg
Geschäftsführer / Verlagsleitung: Harald Hof
Druck: Books on Demand GmbH, In de Tarpen 42, 22848 Norderstedt

Imprint
Publisher: BABADADA GmbH, Nedderfeld 112 , 22529 Hamburg, Germany
Managing Director / Publishing direction: Harald Hof
Print: Books on Demand GmbH, In de Tarpen 42, 22848 Norderstedt, Germany

школа

ليكول

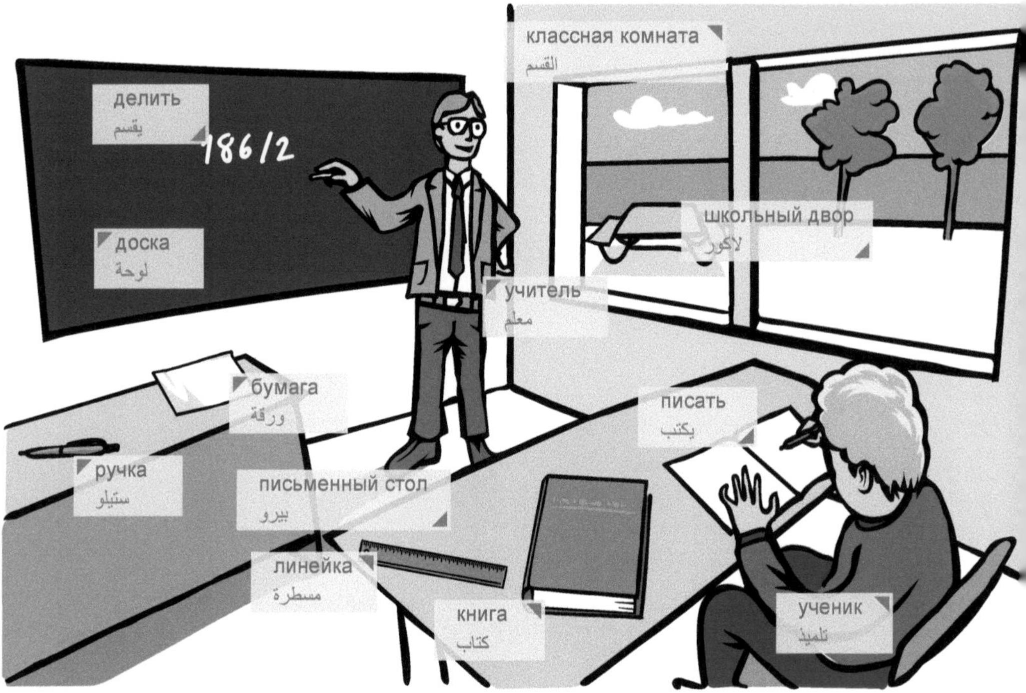

классная комната
القسم
делить
يقسم
186/2
доска
لوحة
школьный двор
لاكور
учитель
معلم
бумага
ورقة
писать
يكتب
ручка
ستيلو
письменный стол
بيرو
линейка
مسطرة
книга
كتاب
ученик
تلميذ

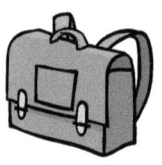

ранец

كرطاب

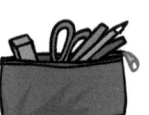

пенал

المقلمة

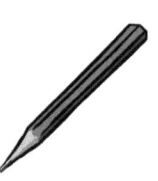

карандаш

قلم الرصاص

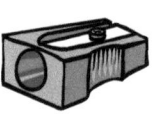

точилка

منجارة

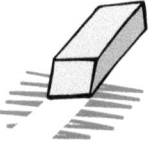

ластик

ممحا

альбом для рисования

الكايي تاع الرسم

рисунок

الرسم

кисточка

البانسو

коробка красок

باتير

ножницы

مقص

клей

كولا

тетрадь

كايي تاع التمارين

домашняя работа

الواجبات

цифра

النيميرو

прибавлять

يجمع

вычитать

يطرح

умножать

يضرب

считать

يحسب

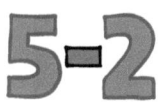

буква

الحرف

алфавит

الحروف

слово

كلمة

текст

النص

читать

يقرا

мел

طباشير

урок

الدرس

классный журнал

دفتر المدرسي

экзамен

ليقزاما

диплом

سرتفيكا

школьная форма

اللبة تاع ليكول

образование

التعليم

энциклопедия

ليكسيك

университет

الجامعة

микроскоп

المجهر

карта

الخريطة

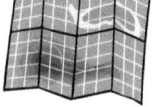

корзина для бумаг

بوبال

путешествие

فواياج

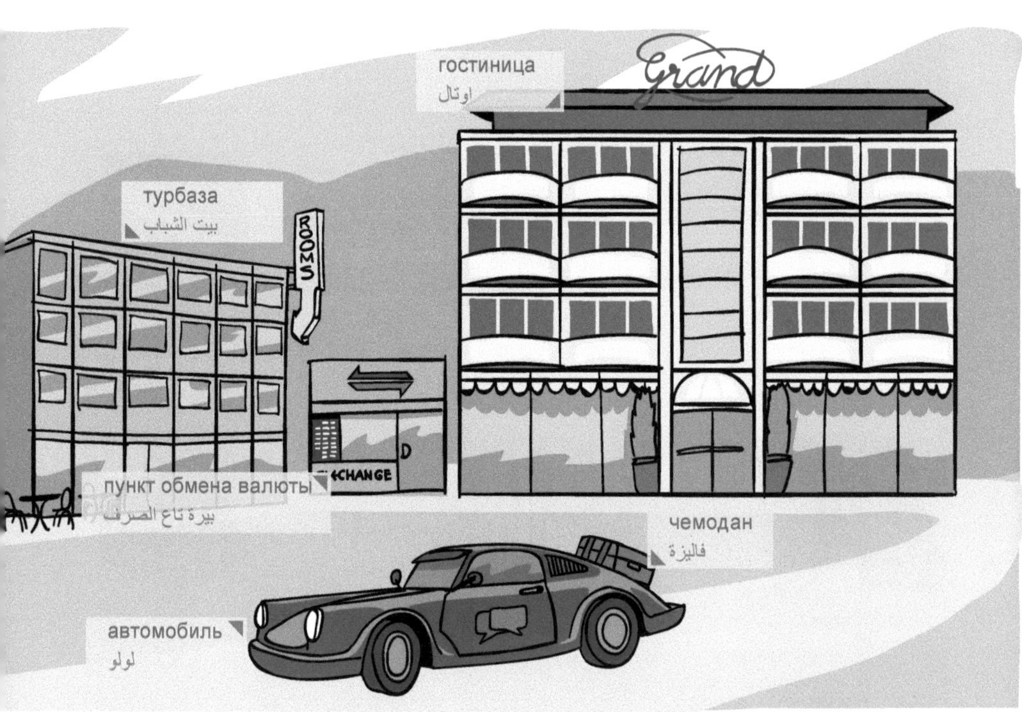
гостиница
اوتال
Grand
турбаза
بيت الشباب
ROOMS
пункт обмена валюты
بيرة تاع الصرف
EXCHANGE
чемодан
فاليزة
автомобиль
لولو

язык

اللغة ليقصدها

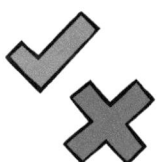

да / нет

واه / لا

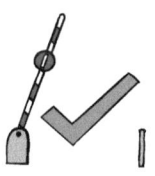

хорошо

صحا

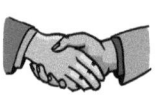

Привет

مرحبا

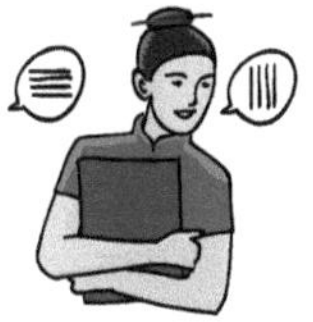

переводчик

طرجمان

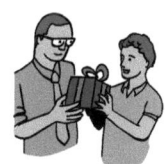

Спасибо

صحيت

Сколько стоит…?

شحال السومة؟

Я не понимаю

مفهمتش

проблема

مشكيلة

Добрый вечер!

مسلخير

Доброе утро!

صباح لخير

Доброй ночи!

تصبيح بخير

До свидания

بسلامة

направление

ديركسيو

багаж

الباقاج

сумка

ساك

рюкзак

ساكادو

гость

ضيف

комната

شمبرا

спальный мешок

ساك تاع رقاد

палатка

خيمة

туристическая
информация
استعلامات سياحية

пляж
بحر

кредитная карточка
كارطة ناع الكريدي

завтрак
فطور الصباح

обед
الفطور

ужин
العشا

билет
البيي

лифт
اسونسير

почтовая марка
تامبر

граница
الحدود

таможня
الديوانة

посольство
سقارة

виза
فيزا

паспорт
باسبور

транспорт

نقل

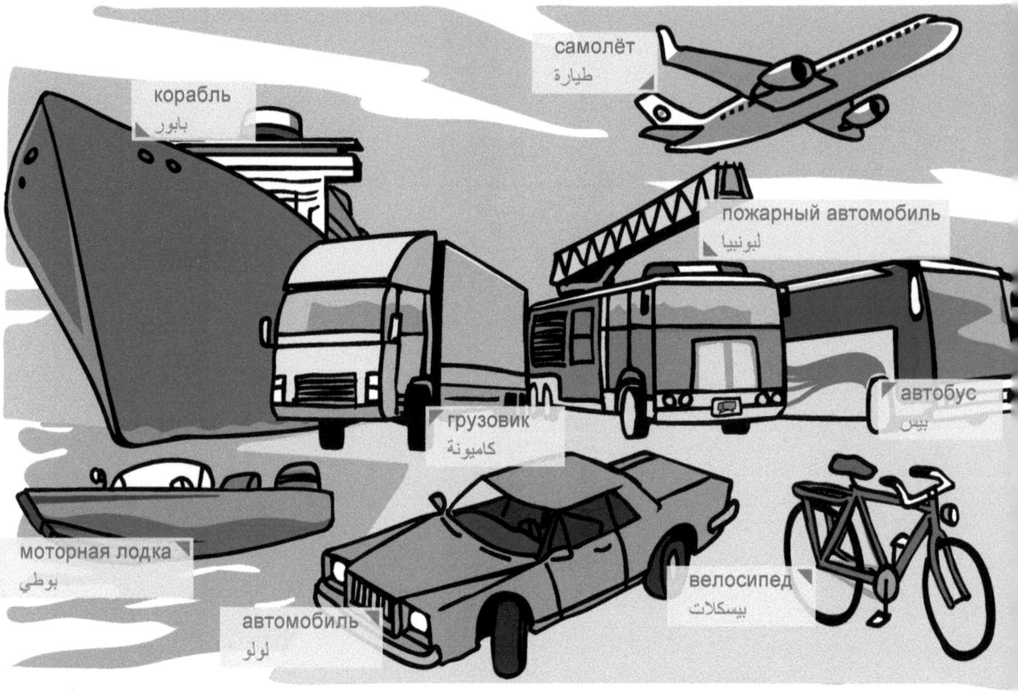
самолёт
طيارة
корабль
بابور
пожарный автомобиль
لبونبيا
автобус
بيس
грузовик
كاميونة
моторная лодка
بوطي
велосипед
بيسكلات
автомобиль
لولو

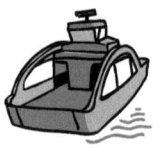

паром

بابو

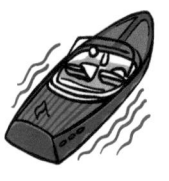

лодка

بوطي

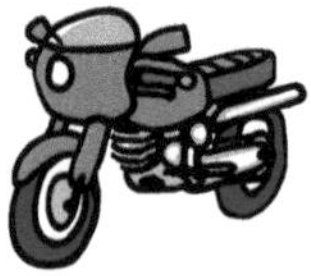

мотоцикл

موطو

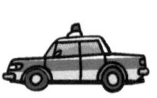

полицейский автомобиль

لوطو تاع لابوليس

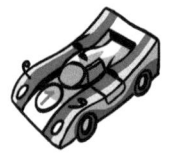

гоночный автомобиль

لوطو تاع السيباق

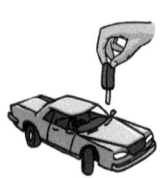

арендованный автомобиль

لوطو تاع كرية

совместное пользование
автомобилями
....
لواطا تاع كرية

буксировочный
автомобиль
رومورك

мусоровоз
....
كاميو تاع الزبل

двигатель
....
موتور

топливо
....
ليسونس

заправка
....
ستاسيون

дорожный знак
....
بانو

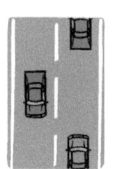

движение
....
ترافيك

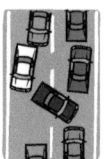

пробка
....
سركالة

автостоянка
....
باركينغ

вокзал
....
لاقار

рельсы
....
السبيكة

поезд
....
قطار

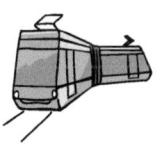

трамвай
....
ترام

вагон
....
فاغون

вертолёт

اليكبتار

аэропорт

مطار

вышка

تور

пассажир

مسافر

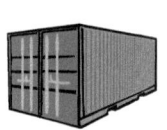

контейнер

كونتنار

коробка

كرطونة

тележка

شاريو

корзина

سلة

взлетать / приземляться

يقلع / يهود

город

مان

деревня

قرية

центр города

البلاد

дом

دار

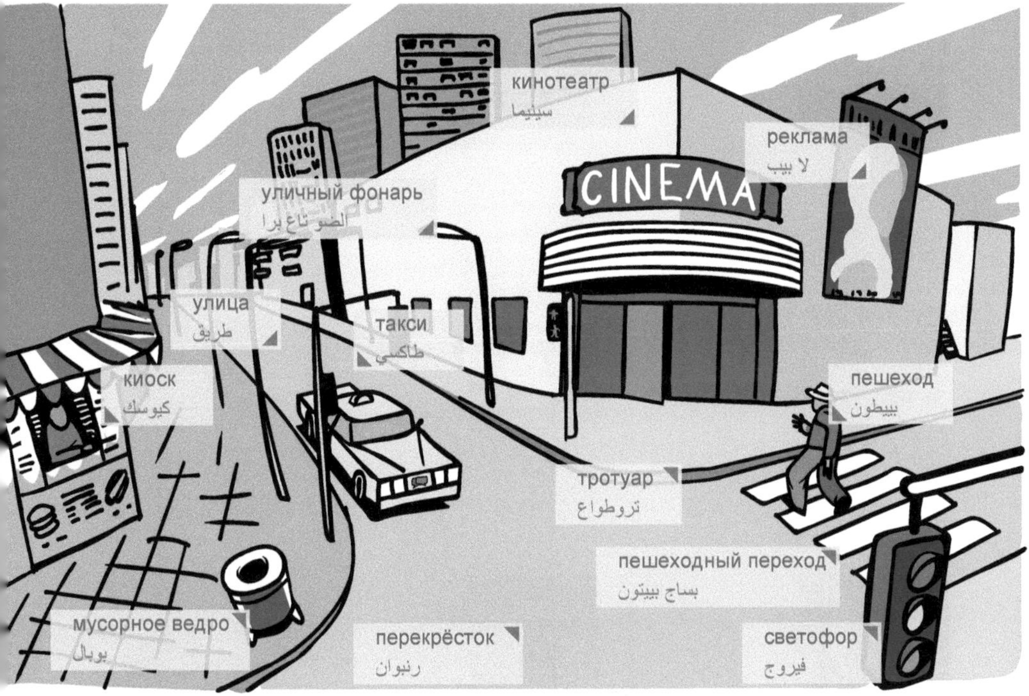

кинотеатр — سينيما

реклама — لا ييب

уличный фонарь — الضوء تاع برا

улица — طريق

такси — طاكسي

киоск — كيوسك

пешеход — بييطون

тротуар — تروطوار

пешеходный переход — بساج بييتون

мусорное ведро — زبل

перекрёсток — رنبوان

светофор — فيروج

хижина	квартира	вокзал
كوخ	برطمان	لاقار

ратуша	музей	школа
لاميري	متحف	ليكول

университет

الجامعة

банк

بانكة

больница

سبيطار

гостиница

اوتال

аптека

فارماسي

офис

بيرو

книжный магазин

مكتبة

магазин

حانوت

цветочный магазин

فلوريست

супермаркет

سوبرات

рынок

مرشي

универмаг

حانوت كبير

торговец рыбой

مسمكة

торговый центр

سونتر كومرسيال

порт

المينا

парк

بارك

скамейка

بنك

мост

جسر

лестница

درج

метро

ميترو

тоннель

تونال

автобусная остановка

لاري تاع البيس

бар

بار

ресторан

مطعم

почтовый ящик

صندوق البريد

табличка с названием
улицы

البانوات

паркометр

مقياس زمن الوقوف

зоопарк

حديقة حيوانات

бассейн

بيسين

мечеть

جامع

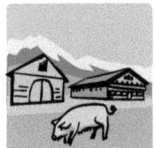

ферма

فيرما

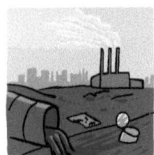

загрязнение окружающей среды

التلوث

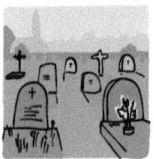

кладбище

مقبرة

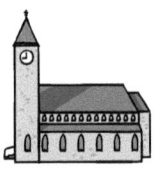

церковь

قليزية

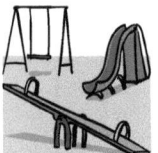

детская площадка

بارك

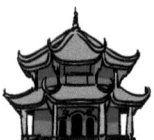

храм

معبد

ландшафт

الريف

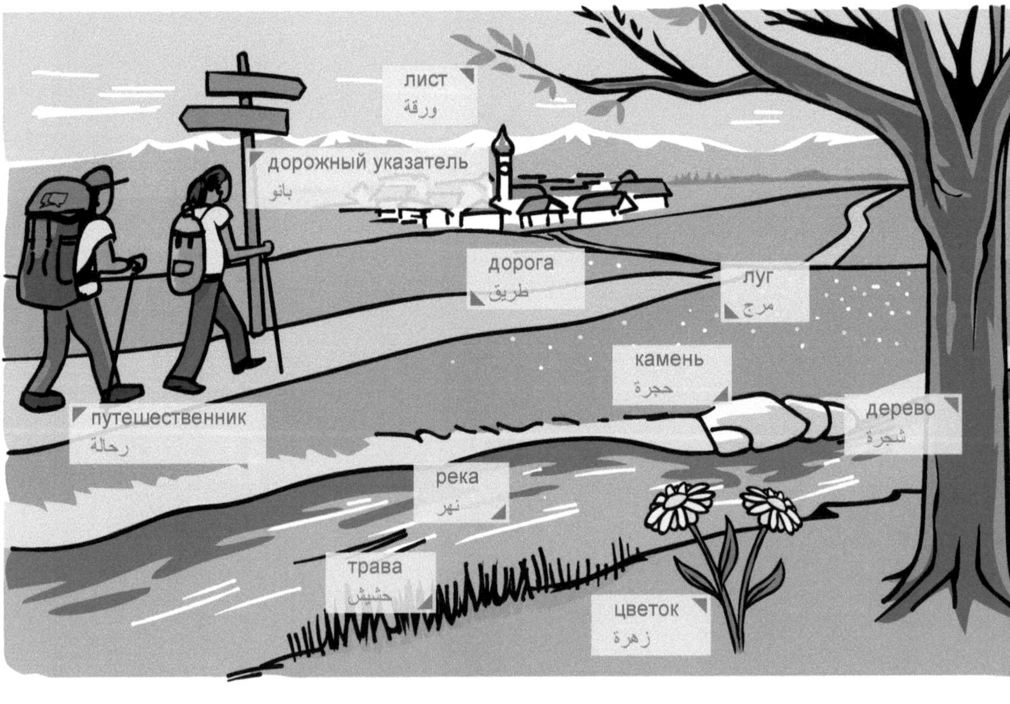

лист
ورقة
дорожный указатель
بانو
дорога
طريق
луг
مرج
камень
حجرة
путешественник
رحالة
дерево
شجرة
река
نهر
трава
حشيش
цветок
زهرة

долина

واد

гора

جبل

озеро

بحيرة

лес

غابة

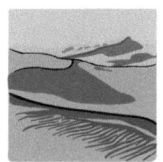

пустыня

صحرا

вулкан

بركان

замок

شاطو

радуга

قوس قزح

гриб

فطر

пальма

نخلة

комар

ناموسة

муха

ذبانة

муравей

نملة

пчела

نحلة

паук

رتيلة

жук

خنفوس

лягушка

ضفدع

белка

سنجاب

еж

قنفود

заяц

قنينة

сова

بومة

птица

زاوش

лебедь

بجعة

кабан

حلوف

олень

غزالة

лось

إلكة

плотина

سد

ветряной генератор

الطاحونة

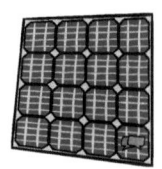

солнечная батарея

خلية شمسية

климат

كليما

ресторан

مطعم

официант
سارفور
меню
المونيو
стул
كرسي
суп
سوبة
пицца
بيتزا
скатерть
ناب
столовые приборы
كوفار

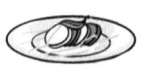

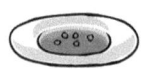

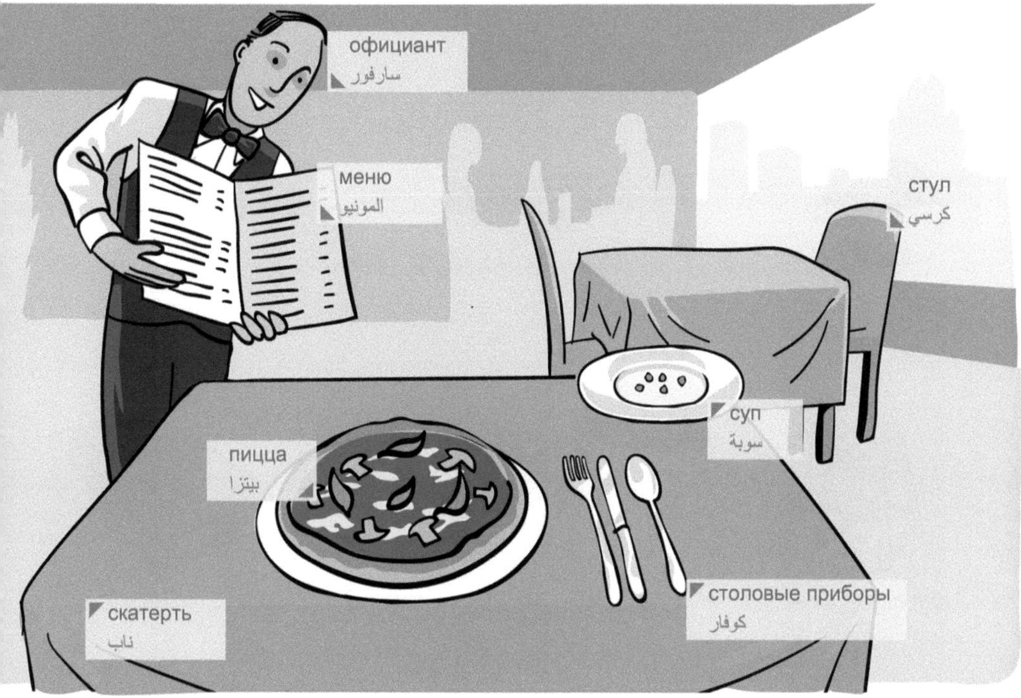

закуска

اوردوفر

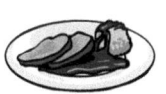

главное блюдо

الطبق الرئيسي

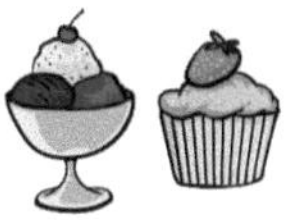

десерт

ديسار

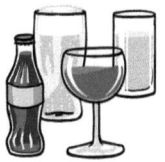

напитки

مشروبات

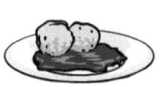

еда

ماكلة

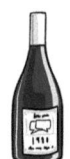

бутылка

القرعة

фастфуд

فاست فود

уличная еда

ماكلة نديه معايا

чайник

براد اتاي

сахарница

سكرية

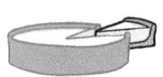

порция

طرف

кофеварка

ماشينة تاع اكسبريسو

детский стульчик

كرسي عالي

счет

فاتورة

поднос

سني

нож

خدمي

вилка

فرشيطة

ложка

مغيرفة

чайная ложка

مغيرفة تاع لاتاي

салфетка

سربيتة تاع الطابلة

стакан

كاس

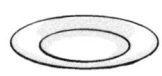

тарелка

طبسي

суповая тарелка

بول

блюдце

طبسي تاع الفنجال

соус

لاصوص

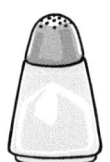

солонка

القوطي تاع الملح

мельница для перца

طحان تاع الحرور

уксус

خل

масло

زيت

специи

ليزيبيس

кетчуп

كتشوب

горчица

موطارد

майонез

مايونيز

супермаркет

سوبرات

специальное предложение
بروموسيو
FOR
покупатель
كلويون
молочные продукты
مشتقات الحليب
фрукты
فاكية
тележка для покупок
شاريو

BUTCHERS

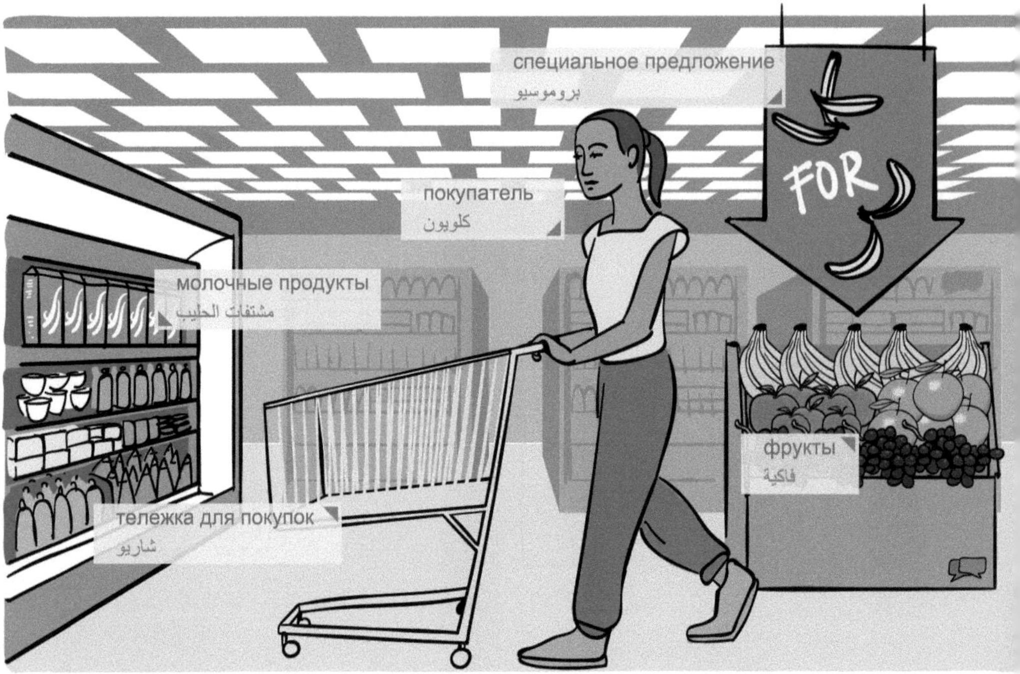

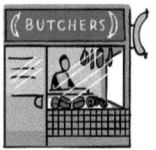

мясной магазин

بوشي

BAKERY

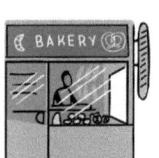

пекарня

بولونجي

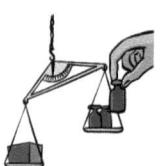

взвешивать

يوزن

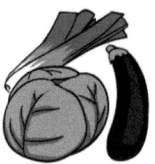

овощи

خضار

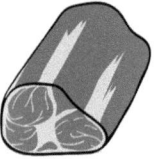

мясо

لحم

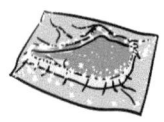

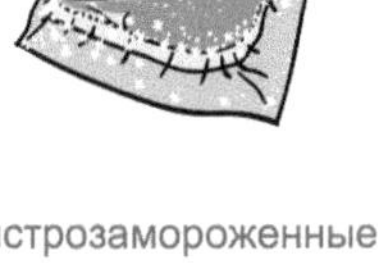

быстрозамороженные продукты

سيرجولي

нарезка

كاشير

консервы

كونسارف

стиральный порошок

الاومو تاع لغسيل

сладости

الحلويات

предмет домашнего обихода

صوالح الدار

моющее средство

ديتارجو

продавщица

فوندوز / خدامة فالحانوت

касса

لاكاس

кассир

كاسسي

список покупок

ليستا تاع الشري

время работы

سوايع الخدمة

бумажник

تزرداتم

кредитная карточка

كارطة ناع الكريدي

сумка

ساك

полиэтиленовый пакет

بورسة

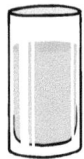

вода

الما

сок

جو

молоко

حليب

кока-кола

كوكا

вино

الشراب

пиво

البيرة

алкоголь

شراب

какао

كاكاو

чай

لاتاي

кофе

قهوة

эспрессо

اكسبريسو

капучино

كابوتشينو

банан

بانانة

яблоко

تفاح

апельсин

تشينا

арбуз

بطيخ

лимон

ليم

морковь

كروطة / زرودية

чеснок

ثوم

бамбук

بانبو

лук

بصل

гриб

شانبينيو

орехи

بندق

лапша

ليبات

спагетти

سباقيتي

рис

روز

салат

سلاطة

картофель фри

ليفريت

жареный картофель

ليفريت

пицца

بيتزا

гамбургер

هانبورقرر

сэндвич

سندويش

шницель

اسكالوب

ветчина

لحم الحلوف

салями

سامي

колбаса

مرقاز

курица

جاجة

жаркое

لحم مشوي

рыба

حوت

овсяные хлопья

شوفان

мюсли

موسلي

кукурузные хлопья

كورن فلكس

мука

فرينة

круассан

كرواسون

булочка

خبيزة

хлеб

الخبز / كسرة

тост

خبز محمر

печенье

بيسكوي

масло

زبدة

творог

لبن

пирог

قاطو

яйцо

بيض

яичница

بيض مقلي

сыр

فرماج

еда - ماكلة

мороженое

لاكرام

сахар

سكر

мёд

عسل

мармелад

كونفتير

крем с нугой

نوقا

карри

الكاري

ферма

فيرما

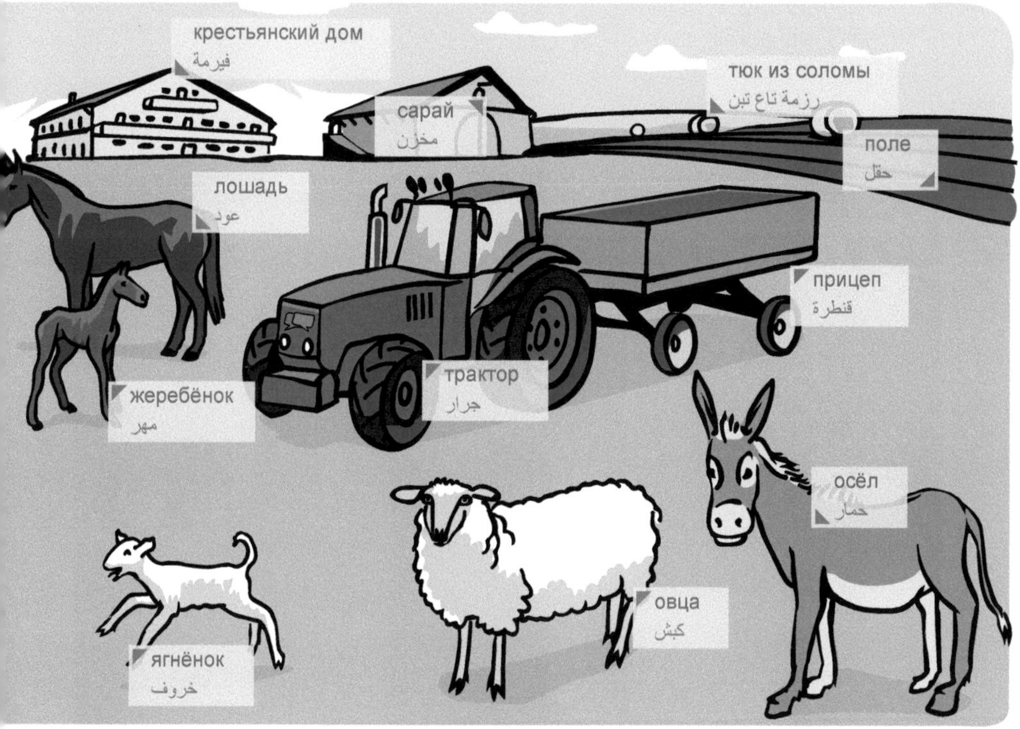
крестьянский дом
فيرمة
сарай
مخزن
тюк из соломы
رزمة تاع تبن
поле
حقل
лошадь
عود
прицеп
قنطرة
трактор
جرار
жеребёнок
مهر
осёл
حمار
овца
كبش
ягнёнок
خروف

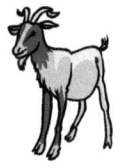

коза

معزة

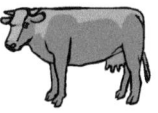

корова

بقرة

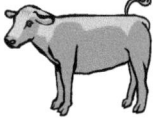

телёнок

عجل

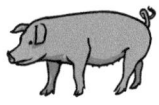

свинья

حلوف

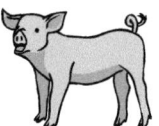

поросёнок

حلوف صغير

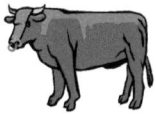

бык

طورو

гусь

وزة

утка

بطة

цыплёнок

فلوس

курица

جاجة

петух

سردوك

крыса

طوبا

кошка

قطة

мышь

فأر

вол

ثور

собака

كلب

конура

دار الكلب

садовый шланг

تبيو

лейка

إبريق

коса

منجل

плуг

محراث

серп

منجل

мотыга

الفاس

навозные вилы

مذراة الزبل

топор

شاقور

тачка

برويطة

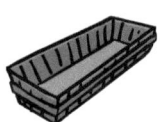

корыто

معلف

бидон для молока

قابة تاع حليب

мешок

ساشيا

забор

سياج

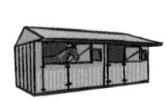

хлев

صطبل

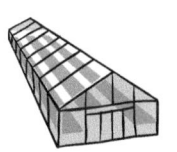

теплица

بوطاجي

почва

تراب

посев

بذور

удобрение

سماد

комбайн

حصادة

ферма - فيرما

29

собирать урожай

يحصد

урожай

الغلة

ямс

بطاط

пшеница

قمح

соя

صويا

картофель

بطاطا

кукуруза

ماييس

рапс

سلجم

фруктовое дерево

شجرة ذاع فاكية

маниок

منيهوت

злаки

الخبوب

ДОМ
دار

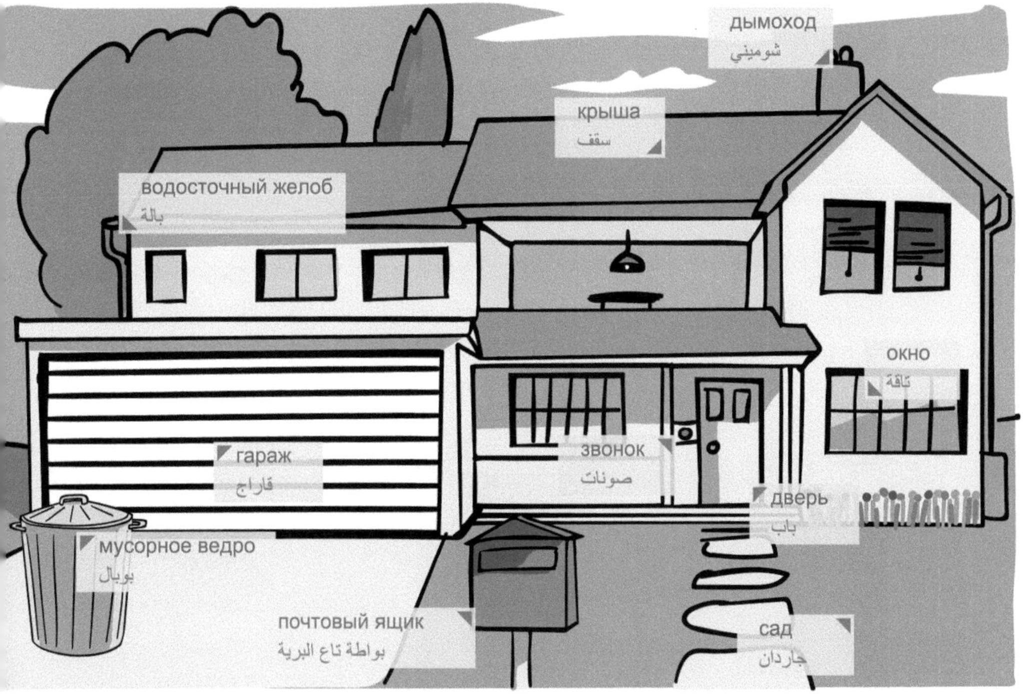

дымоход
شوميني
крыша
سقف
водосточный желоб
بالة
окно
تاقة
гараж
قاراج
звонок
صونات
дверь
باب
мусорное ведро
بوبال
почтовый ящик
بواطة تاع البرية
сад
جاردان

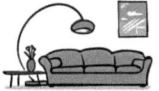

гостиная

صالون

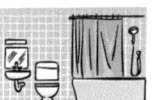

ванная комната

الحمام

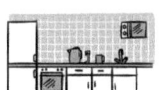

кухня

كوزينا

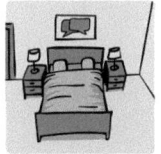

спальня

شامبرا تاع رقاد

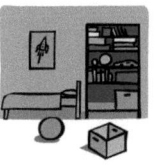

детская комната

شمبرا تاع ذراري

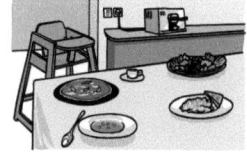

столовая

صالة مونجي

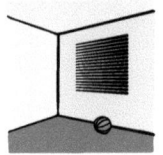

пол

لرض

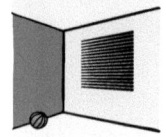

стена

حيط

потолок

بلافو

подвал

كافا

сауна

سونا

балкон

بالكون

терраса

تيراسة

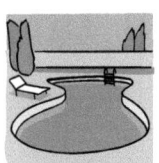

бассейн

بيسين

газонокосилка

جزارة تاع حشيش

пододеяльник

ااووس

покрывало

كووات

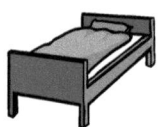

кровать

ناموسية

метла

مصلحة

ведро

بيدو تاع صليح

выключатель

انتغبتور

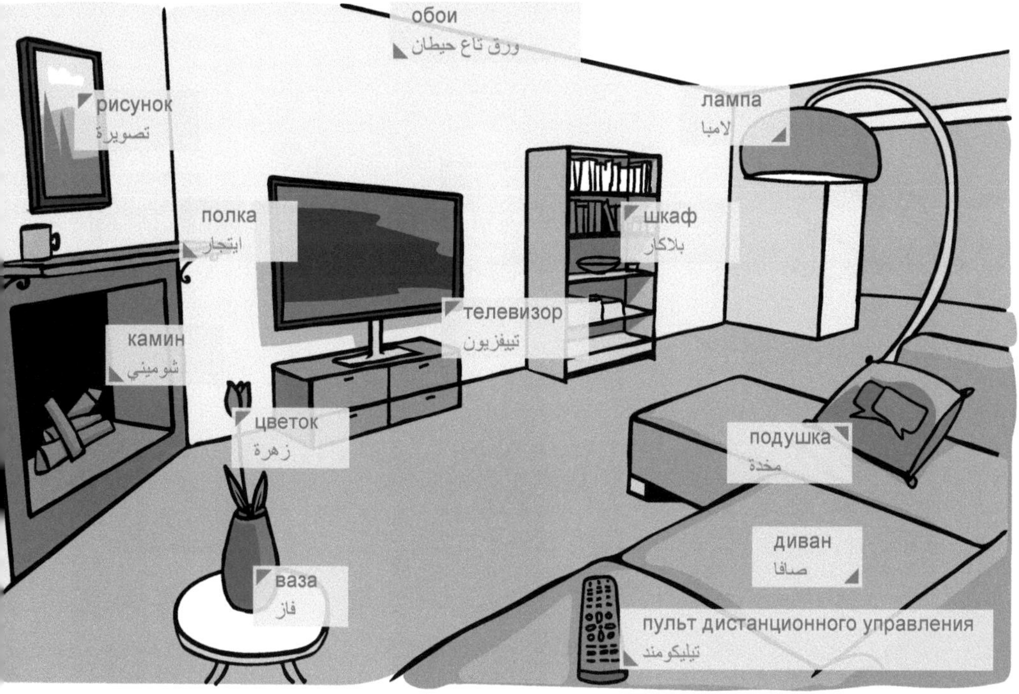

обои
ورق تاع حيطان

рисунок
تصويرة

лампа
لامبا

полка
ايتجار

шкаф
بلاكار

камин
شوميني

телевизор
تيليفزيون

цветок
زهرة

подушка
مخدة

диван
صافا

ваза
فاز

пульт дистанционного управления
تيليكومند

ковёр
طابي

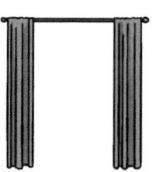

штора
ريدو

стол
طابلة

стул
كرسي

кресло-качалка
كرسي ببيوجي

кресло
فوتاي

книга

كتاب

покрывало

طوفيرطة

украшение

زواق

дрова

الحطب

фильм

فيلم

стереосистема

الستيريو

ключ

مفتاح

газета

جرنان

картина

كادر

плакат

بوستار

радио

راديو

блокнот

كناش

пылесос

اسبيراتور

кактус

صبار

свеча

شمعة

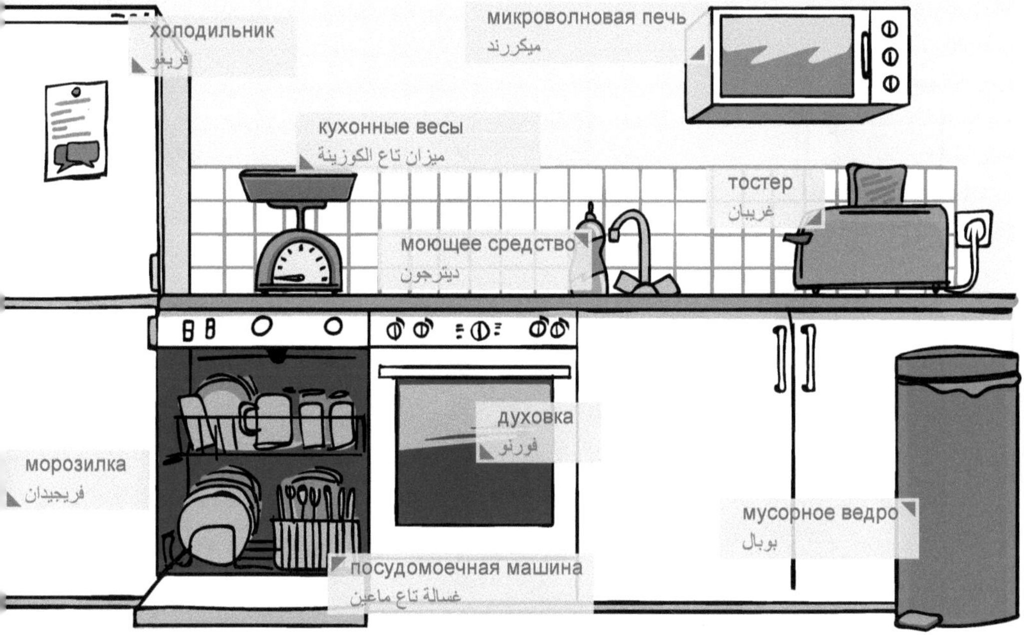

холодильник
فريغو

микроволновая печь
ميكرۇ رند

кухонные весы
ميزان تاع الكوزينة

моющее средство
ديترجون

тостер
غريبان

морозилка
فريجيدان

духовка
فورنو

посудомоечная машина
غسالة تاع ماعين

мусорное ведро
بوبال

плита

الفور

кастрюля

قدرة

чугунный котелок

مرميطا

вок / кадай

طاوة غامقة

сковорода

مقلة

чайник

غلاية

пароварка

قدرة

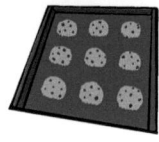

противень

سني

посуда

ماعين

кружка

قوبلي

миска

طبسي

палочки для еды

مطارق تاع الماكلة

половник

لوشة

лопатка

سباتولة

сбивалка

الضرابة

сито

كسكاس

сито

صفاية

тёрка

راب

ступка

مهراز

гриль

شواية

костёр

موقد

доска

بلونشا

скалка

رولو

штопор

الحلال

жестяная банка

قابسة

консервный нож

الحلال

прихватка

كتان

раковина

لافابو

щетка

بروسة

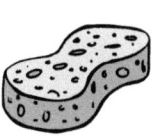

губка

بونجة

миксер

الخلاط

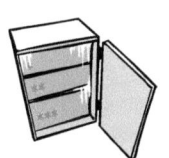

морозильная камера

فريغو

бутылочка для кормления

بيبيرونة

кран

سبالة

ванная комната

الحمام

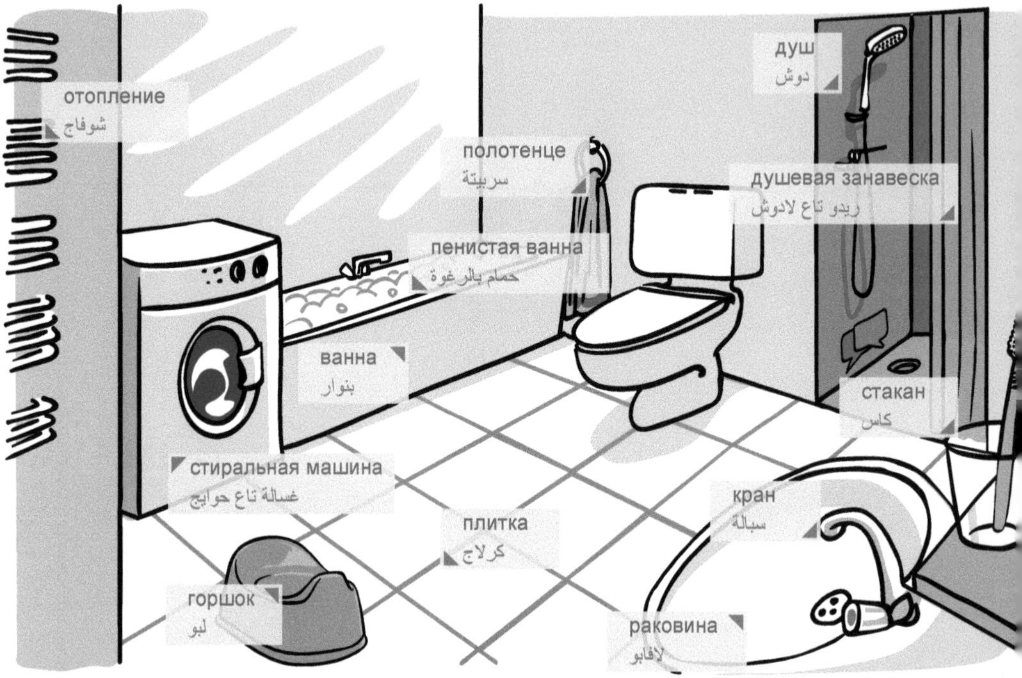

душ
دوش
отопление
شوفاج
полотенце
سربيتة
душевая занавеска
ريدو تاع لادوش
пенистая ванна
حمام بالرغوة
ванна
بنوار
стакан
كاس
стиральная машина
غسالة تاع حوايج
кран
سبالة
плитка
كرلاج
горшок
لبو
раковина
لافابو

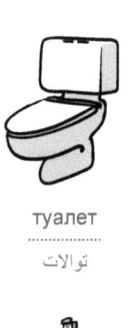

туалет

توالات

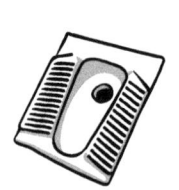

напольный унитаз

توالات تركي

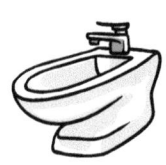

биде

غسال الرجلين

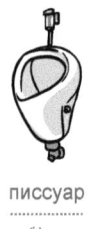

писсуар

مبولة

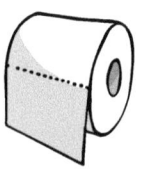

туалетная бумага

ورق تاع توالات

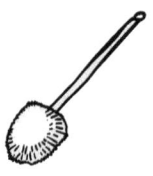

ершик

بروسة تاع توالات

зубная щетка

بروسدون

зубная паста

دونتفريس

зубная нить

خيط السنان

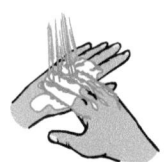

мыть

يغسل

ручной душ

دوشات تاع دوش

интимный душ

دوشات

таз

لافابو

щетка для спины

بروسا تاع الظهر

мыло

صابون

гель для душа

جال دوش

шампунь

شنبوان

мочалка

الحبل

сток

قادوس

крем

بومادة

дезодорант

ديودورون

зеркало

مراية

ручное зеркало

مراة صغيرة

бритва

رازوار

пена для бритья

لاموس

лосьон после бритья

كولون

расческа

مشطة

щетка

بروسة

фен

سشوار

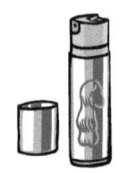

лак для волос

مثبت الشعر

косметика

مكياج

губная помада

روجالافر

лак для ногтей

فرني

вата

قطن

маникюрные ножницы

كوبنغل

духи

ريحة

косметичка

تروسة تاع حمام

табуретка

طابوري

весы

ميزان

халат

بينوار

резиновые перчатки

ليغونات تاع النيتوياياج

тампон

تمبون

гигиеническая прокладка

ليبيوند

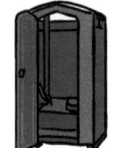

биотуалет

توالات

детская комната

شمبرا تاع ذراري

будильник
ريفاي
мягкая игрушка
نونورس
игрушечный автомобиль
لوطو جوي
погремушка
الخشخاش
кукольный домик
دار تاع بوبيات
подарок
كادو

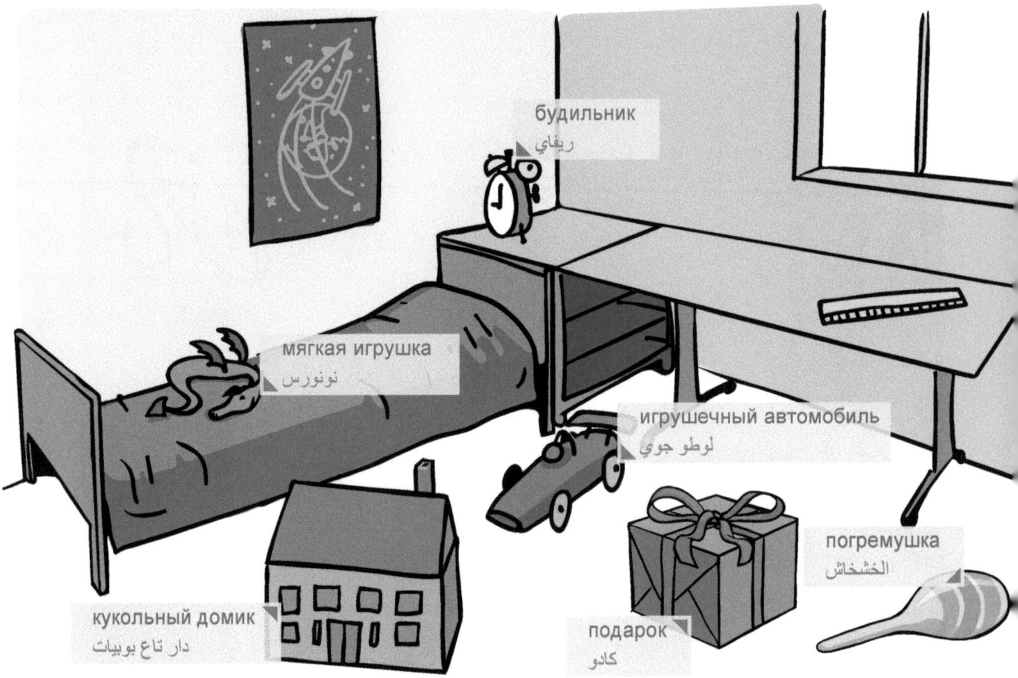

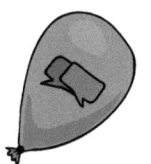

воздушный шар

بالونة / نسافة

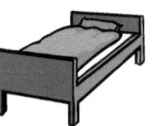

кровать

ناموسية

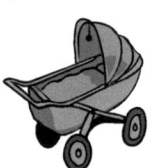

детская коляска

بوساك

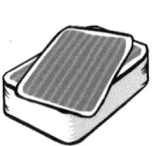

карточная игра

الكارطة

пазл

البوزيل

SUPER
MEGA

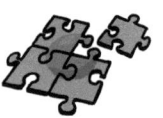

комикс

بوند ديسيني

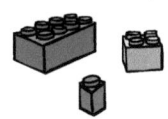

кирпичики Лего

الليغو

кубики

حجر يبنوه

игрушечная фигурка

بوبية

ползунки

لبسة تاع البيبي

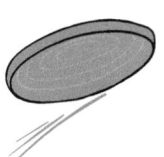

фрисби

فريزي

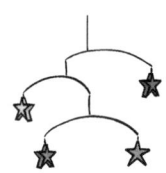

мобиле

اللهاية

настольная игра

لعبة الطابلة

кубик

الدي

модель железной дороги

التران

соска

سوسات

вечеринка

حفلة / الفيشطة

книга с картинками

كتاب بتصاوير

мяч

بالون

кукла

بوبية

играть

يلعب

песочница

بارك بالرملة

качели

بنصوار

игрушка

جوي

игровая приставка

منيطا

трёхколесный велосипед

بيسكلات

плюшевый медвежонок

دبدوب

шкаф для одежды

ماريو

одежда

حوايج

носки

تقاشر

чулки

ليبا

колготки

كولو

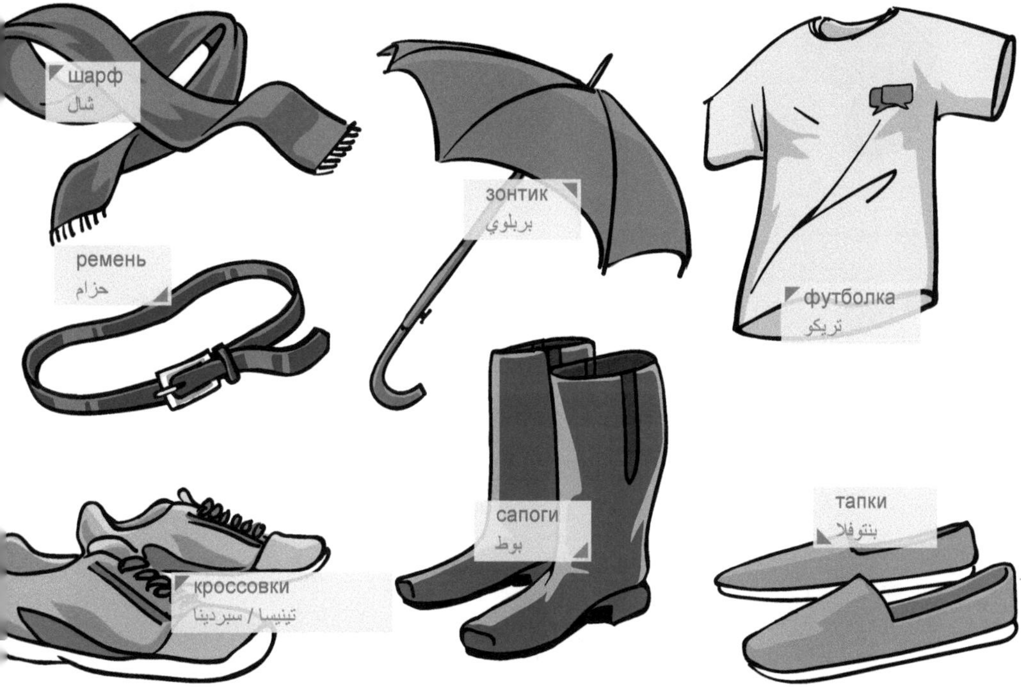

шарф
شال

ремень
حزام

зонтик
بريلوي

футболка
تريكو

кроссовки
تينيسا / مبردينا

сапоги
بوط

тапки
بنتوفلا

сандалии
....
صندالة

ботинки
....
صباط

резиновые сапоги
....
بوط بلاستيك

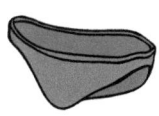

трусы
....
كالسون

бюстгальтер
....
سوتيان

майка
....
حويج تاع داخل

боди

لاصق على الجسم

брюки

سروال

джинсы

جين

юбка

جيبا

блузка

طابلية

рубашка

قمجة

свитер

تريكو

свитер

قارديقون

спортивная куртка

بلازار

жакет

فيستا

пальто

بالطو

плащ

بالطو

костюм

كوستيم

платье

روبا

свадебное платье

روب بلونش

мужской костюм

كوستيم

ночная сорочка

شوميز دونوي

пижама

بيجاما

сари

ساري

платок

حجاب

тюрбан

عمامة

паранджа

برقع

кафтан

قفطان

абайя

عباية

купальник

مايو

плавки

سروال تاع عوم

шорты

شورت

спортивный костюм

لبسة تاع سبور

фартук

طابلية

перчатки

ليقونات

пуговица

قفلة

очки

نواظر

браслет

براسلي

цепочка

سنسلة

кольцо

خاتم

серьга

منقوش

шапка

بوني

вешалка

سانتر

шляпа

شابو

галстук

قرافاطة

застежка молния

غيمة

шлем

كاسك

подтяжки

بروتال

школьная форма

اللبة تاع ليكول

форма

لينيفورم

детский нагрудник

رياضة

соска

سوسات

подгузник

ليكوش

офис

بيرو

сервер

سارفر

канцелярский шкаф

خزانة تاع الملفات

принтер

امبريمانت

монитор

ليكرون

бумага

ورقة

письменный стол

بيرو

мышь

لاسوري

папка

كلاسور

клавиатура

كلافيي

стул

كرسي

корзина для бумаг

بوبال

компьютер

اورديناتور

кофейная кружка

كاس قهوة

калькулятор

كاكولاتريس

интернет

لانترنت

ноутбук

اوردیناتور

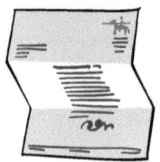

письмо

بریة

сообщение

میساج

мобильный телефон

بورطابل

сеть

ریزو

ксерокс

فوطوكوبي

программа

لوجسيال

телефон

تيلفون

розетка

بريزة

факс

فاكس

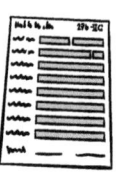

формуляр

استمارة

документ

وثيقة

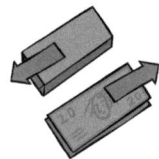

покупать

يشري

платить

يخلص

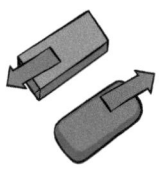

торговать

يتاجر

деньги

دراهم

доллар

دولار

евро

اورو

иена

ين

рубль

روبل

франк

فرنك سويسري

жэньминьби юань

يوان

рупия

روبية

банкомат

ديستريبيتور

пункт обмена валюты

بيرة تاع الصرف

золото

ذهب

серебро

فضة

нефть

نفط

энергия

طاقة

цена

السومة

договор

عقد

налог

طاكس

акция

سهم

работать

يخدم

служащий

خدام

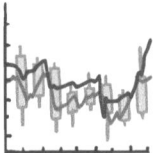

работодатель

مول الشي

фабрика

وزين

магазин

حانوت

профессии
الخدمة

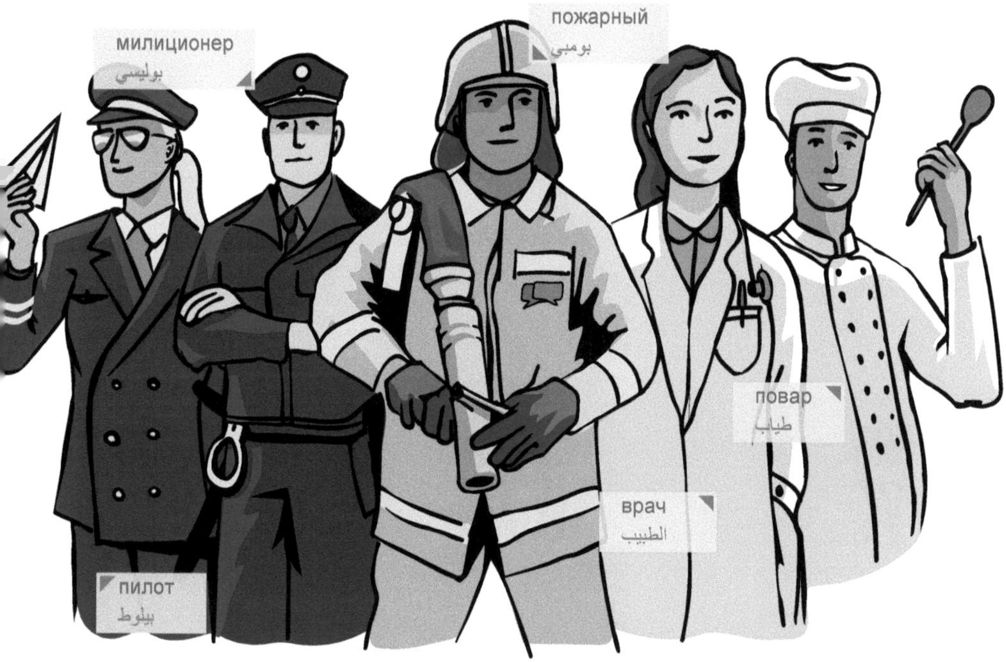

милиционер
بوليسي
пожарный
بومبي
повар
طياب
врач
الطبيب
пилот
بيلوط

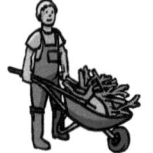

садовник

جرديني

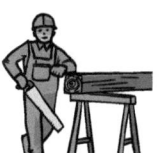

столяр

نجار

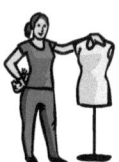

швея

خياط

судья

قاضي

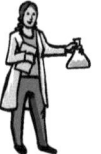

химик

شيميك

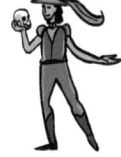

актёр

ممثل

водитель автобуса

شوفير

таксист

طاكسيور

рыбак

صياد

уборщица

خدامة

кровельщик

ماصو تاع السقف

официант

سارفور

охотник

صياد

художник

بنتار

пекарь

خباز

электрик

الكتريسيان

строитель

ماصون

инженер

مهندس

мясник

بوشي

сантехник

بلومبي

почтальон

فاكتور

солдат

جندي

архитектор

ارشيتكت

кассир

كاسسي

флорист

بياع اورد

парикмахер

كوافير

кондуктор

الكنترول

механик

ميكانيسيان

капитан

كابيتان

зубной врач

طبيب سنان

ученый

عالم

раввин

حاخام

имам

امام

монах

موان

священник

موان

инструменты

ليزوتي

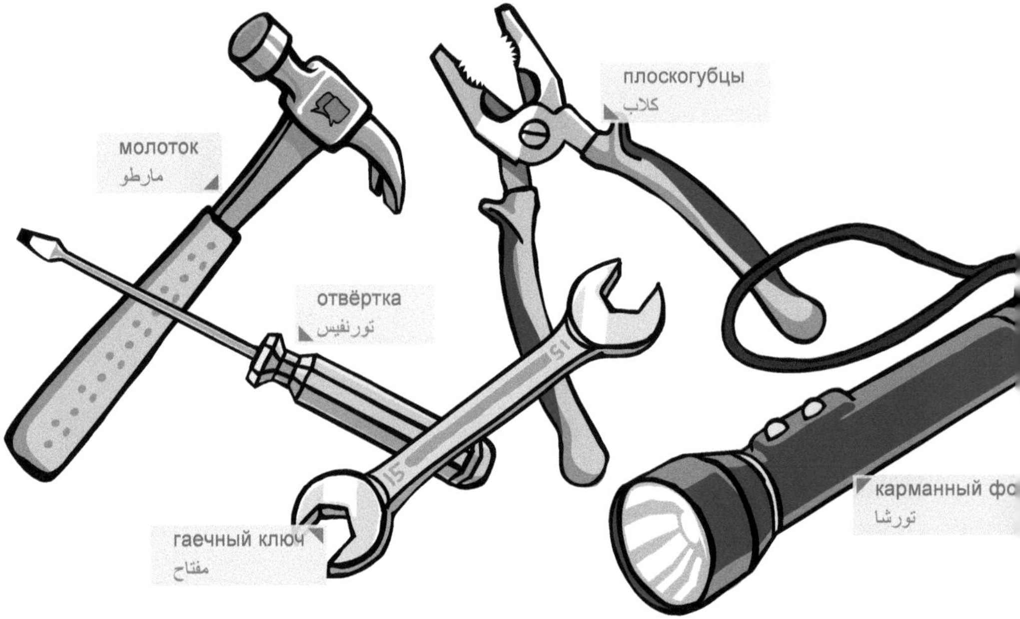

молоток
مارطو
плоскогубцы
كلاب
отвёртка
تورنفيس
гаечный ключ
مفتاح
карманный фо
تورشا

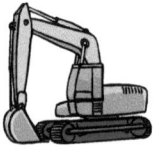

экскаватор

جرافة

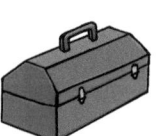

ящик для инструментов

قايصة نتاع ليزوتي

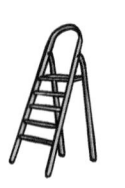

стремянка

سلوم

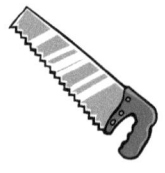

пила

منشار

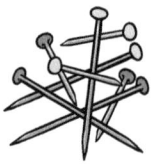

гвозди

مسامير

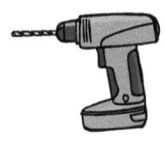

дрель

برسوز

ремонтировать

يصنع

лопата

البالة

Блин!

ياويلي

совок

بالا

ведро с краской

بو تاع بنتورة

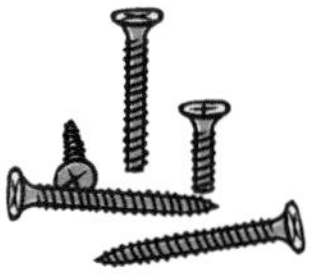

винты

ليفيس

музыкальные инструменты
آلات موسيقية

громкоговоритель
مكبر الصوت

ударный инструмент
آلات الإيقاع

гитара
غيتارة

контрабас
كمان أجهر

труба
بوق

пианино

بيانو

скрипка

كمنجة

бас-гитара

جيتار

литавры

طبل كبير

барабан

طبل

синтезатор

بيانو كهرباني

саксофон

ساكسوفون

флейта

ناي

микрофон

ميكروفون

вход
الدخلة

тигр
نمر

клетка
كاجا

зебра
حمار الوحش

корм
علف للحيوانات

панда
باندا

животные
حيوانات

слон
فيل

кенгуру
كنغر

носорог
وحيد القرن

горилла
غوريلا

медведь
دب

верблюд

جمل

страус

نعامة

лев

سبع

обезьяна

نشيطا

фламинго

فلامونغوز

попугай

بيروكي

белый медведь

دب قطبي

пингвин

بطريق

акула

سمك القرش

павлин

طاووس

змея

لفعة

крокодил

تمساح

служитель зоопарка

عساس في حديقة الحيوان

тюлень

عجل البحر

ягуар

نمر أمريكي مرقط

пони

فرس قزم

леопард

نمر

бегемот

فرس النهر

жираф

زرافة

орёл

نسر

кабан

حلوف

рыба

حوت

черепаха

فكرون

морж

حيوان فظ البحري

лиса

ثعلب

газель

غزال

американский футбол
بالون اميريكا

езда на велосипеде
الركبة تاع البيسكلت

теннис
تينيس

баскетбол
باسكات

плавание
العوم

бокс
بوكس

хоккей
هوكي

футбол
بالون

бадминтон
الريشة الطائرة

лёгкая атлетика
اتلاتيزم

гандбол
الهوند

лыжный спорт
سكي

поло
بولو

прыгать
ينقز

обнимать
يعنق

смеяться
يضحك

идти
يمشي

петь
يغني

мечтать
ينوم

молиться
يصلي

целовать
يبوس

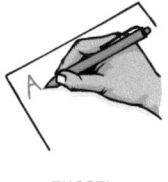

писать
يكتب

рисовать
يرسم

показывать
يوري

нажимать
يدمر

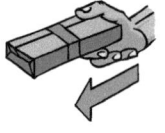

давать
يعطي

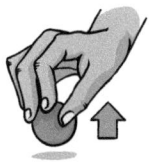

брать
يدي

иметь

يملك

делать

يخدم

быть

كاين

стоять

يوقف

бежать

يجري

тянуть

يجبد

бросать

يقيس / يرمي

падать

يطيح

лежать

يتكسل

ждать

يْشوف

носить

يرفد

сидеть

يقعد

надевать

يلبس

спать

يرقد

просыпаться

ينوظ

рассматривать

يتشوف في

плакать

يبكي

гладить

يحك

причесывать

يمشّط

говорить

يهدر

понимать

يفهم

спрашивать

يسقسي

слушать

يسمع

пить

يشرب

кушать

ياكل

наводить порядок

يخمل

любить

يبغي

готовить

يطيب

ехать

يصوق

летать

يطير

ходить под парусом

يبحر بالفلوكة

считать

يحسب

читать

يقرا

учиться

يتعلم

работать

يخدم

вступать в брак

يتزوج

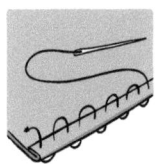

шить

يخيط

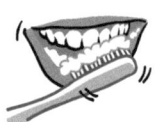

чистить зубы

يغسل سنانو

убивать

يكتل

курить

يكمي

отправлять

يرسل

семья
لعايلة

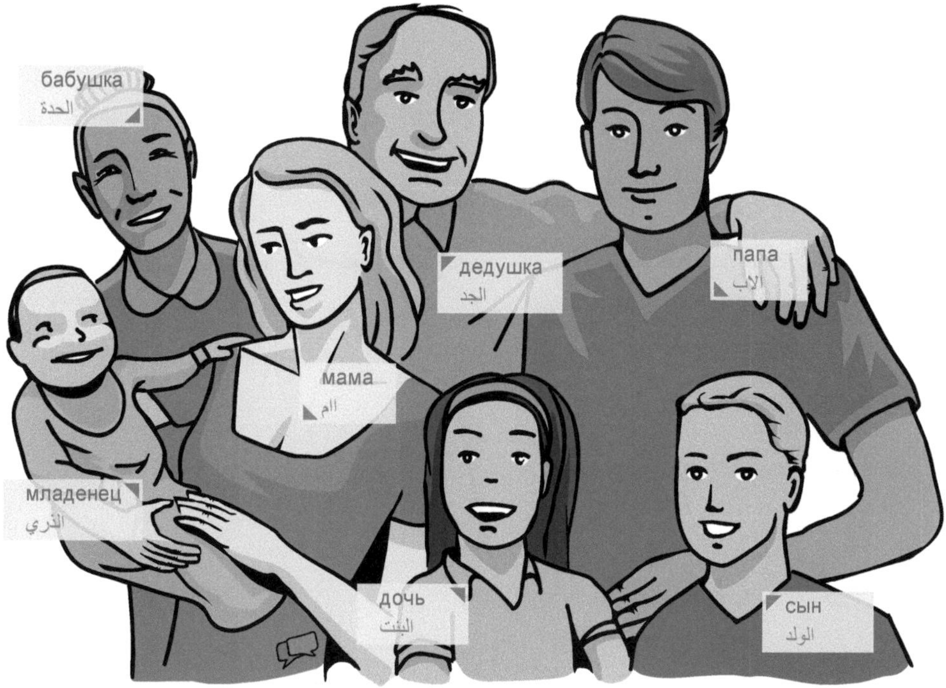
бабушка
الجدة
дедушка
الجد
папа
الاب
мама
الام
младенец
الذري
дочь
البنت
сын
الولد

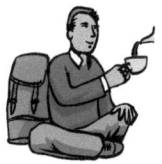

гость

ضيف

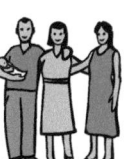

тетя

العمة / الخالة

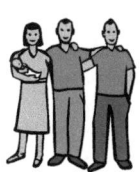

дядя

العم / الخال

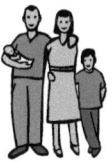

брат

الخو

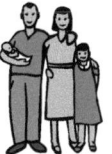

сестра

الخت

тело

الجسم

лоб
الجبهة
глаз
العين
плечо
الكتف
палец
صبع
лицо
الوجه
подбородок
اللحية
кисть
اليد
нога
الساق
грудь
الصدر
рука
الذراع

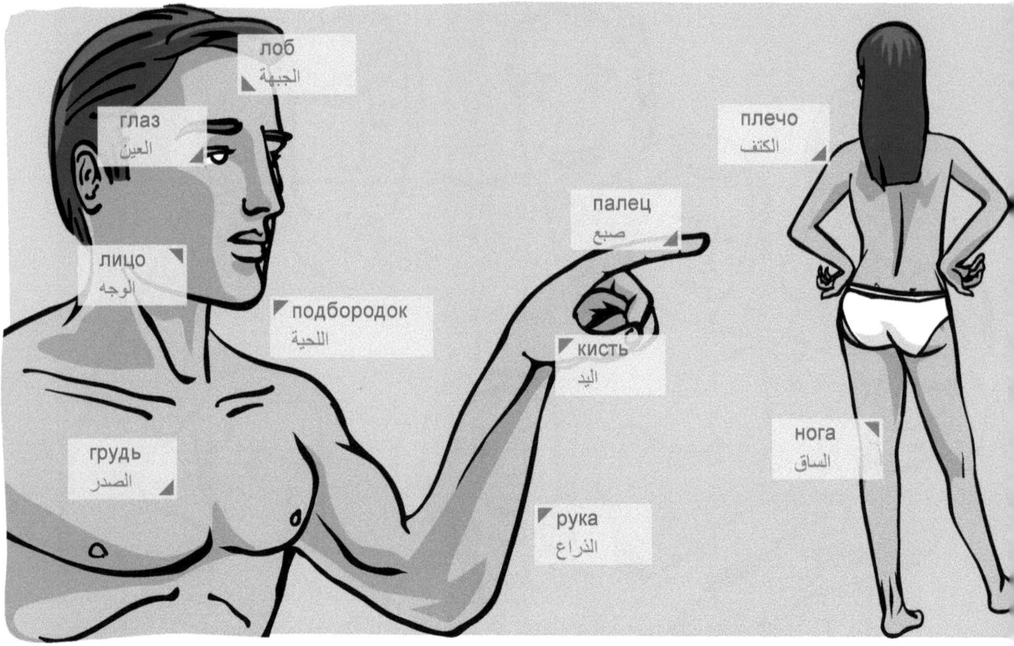

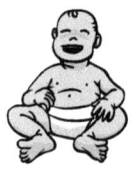

младенец
الذري

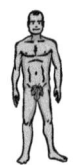

мужчина
الراجل

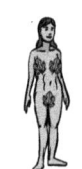

женщина
المرا

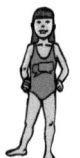

девочка
الشيرة، الطفلة

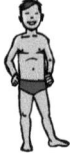

мальчик
الشير

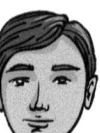

голова
الراس

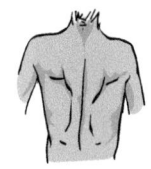

спина

ظهر

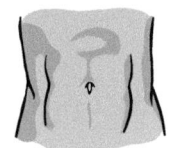

живот

الكرش

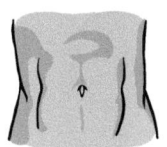

пупок

السرة

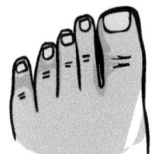

палец ноги

صبع

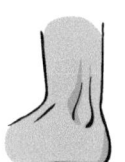

пятка

طالون

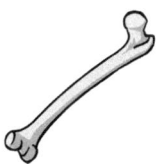

кость

العظم

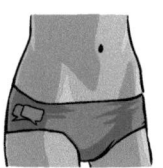

бедро

المرادف

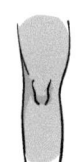

колено

الركبة

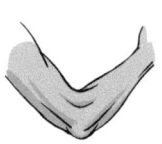

локоть

لمرفغ

нос

نيف

ягодицы

مصاصيط

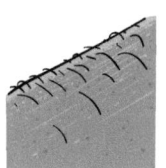

кожа

البشرة

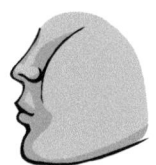

щека

الحنوك

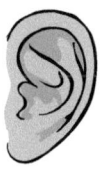

ухо

لوذن

губа

شورب

рот
الفم

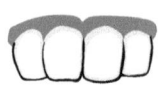

зуб
السنة

язык
اللسان

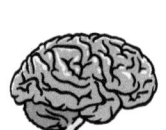

мозг
الدماغ

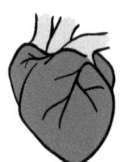

сердце
القلب

мышца
العضلة

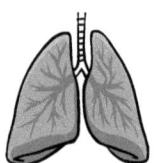

лёгкое
الرية

печень
الكبدة

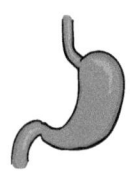

желудок
لسطوما

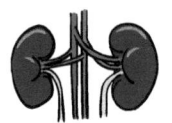

почки
كلوى

половой акт
رابور

презерватив
بريزارفتيف

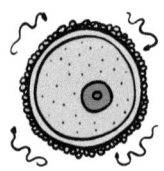

яйцеклетка
البويضة

сперма
سبرم

беременность
بلكرش

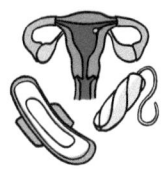

менструация

ليراغل

вагина

المهبل

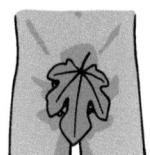

пенис

المذاكر

бровь

الحاجب

волосы

الشعر

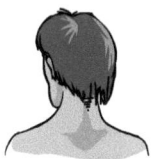

шея

رقبة

больница

سبيطار

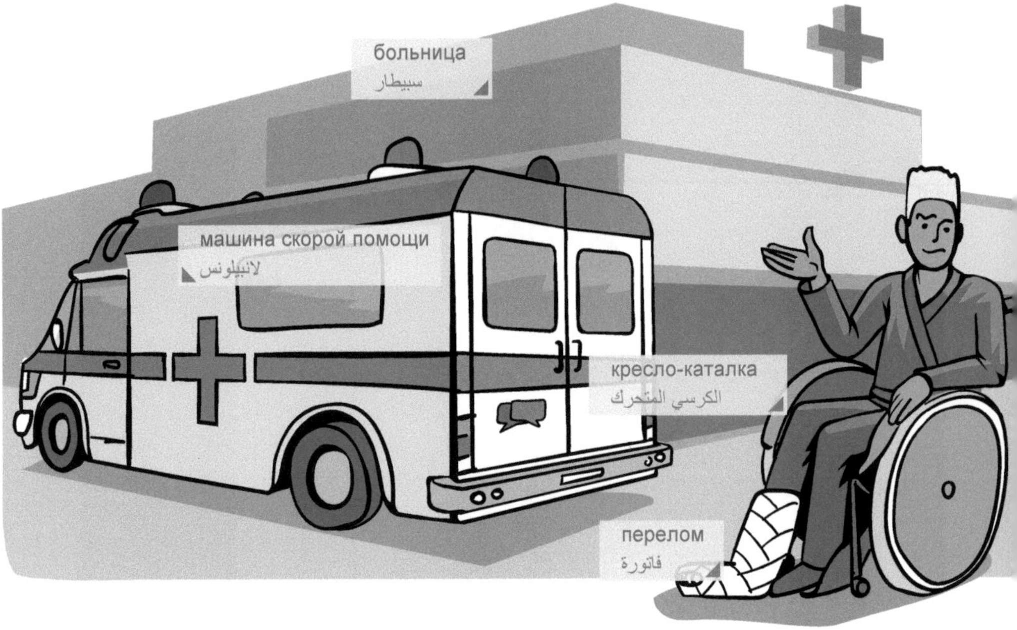

больница
سبيطار
машина скорой помощи
لانبيلونس
кресло-каталка
الكرسي المتحرك
перелом
فاتورة

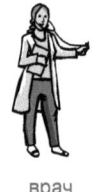

врач

الطبيب

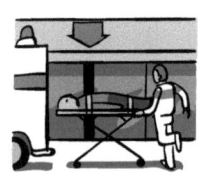

пункт первой помощи

ليزيرجونس

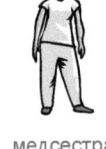

медсестра

الممرضة

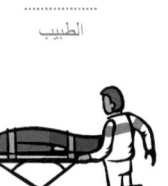

неотложный случай

ليرجونس

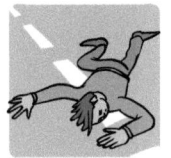

без сознания

تغاشى

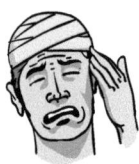

боль

الوجع

повреждение

الجرح

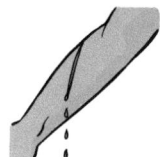

кровотечение

يسل الدم

инфаркт

القلب

инсульт

لاڤيسي

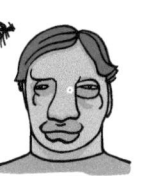

аллергия

لالرجي

кашель

الكحة

овышенная температура

الحمة

грипп

لاڨريب

понос

الاسهال

головная боль

ميغران

рак

السرطان

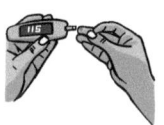

диабет

السكر

хирург

الجراح

скальпель

مبضع

операция

عملية تاع القلب

КТ

لاسيتي

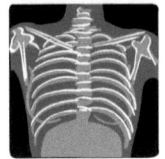

рентген

الراديو

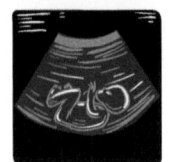

ультразвук

لولتخازرون

маска

لماسك

болезнь

المرض

приёмная

وين يقارعو

костыль

العكاز

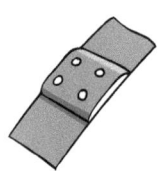

пластырь

سكوتنش

бинт

لبانسما

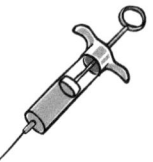

укол

لبرة

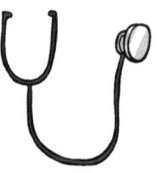

стетоскоп

السماعة تاع الطبيب

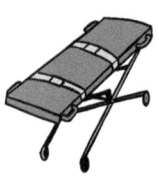

носилки

نقالة

термометр

لوزنو بيه الحمة

рождение

زيادة

избыточный вес

السمونية

слуховой аппарат

جهاز السمع

дезинфекционное средство

المعقم

инфекция

لنفكسون

вирус

الفيروس

ВИЧ / СПИД

السيدا

лекарство

الدوا

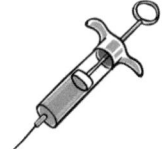

прививка

الفاكسان

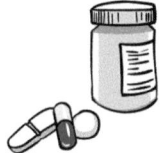

таблетки

الدوا حب

противозачаточная таблетка

بيلولة

экстренный вызов

يعيط للنجدة

прибор для измерения кровяного давления

الجهاز ليقيسو بيه الدم

больной / здоровый

مريض / صحيح

Помогите!

سلكوني

сигнал тревоги

لالارم

нападение

يتعدا

атака

يهجم

опасность

دونجي

запасной выход

مخرج الطوارئ

Пожар!

النار شاعلة

огнетушитель

لكستانتور

несчастный случай

اكسيديون

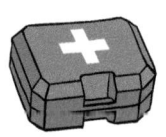

аптечка

فيزة تاع الاسعاف الاولي

SOS

سلكونا

милиция

لابوليس

Европа

أوروبا

Северная Америка

أمريكا الشمالية

Южная Америка

أمريكا الجنوبية

Африка

أفريقيا

Азия

آسيا

Австралия

أستراليا

Атлантический океан

المحيط الأطلسي

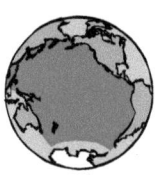

Тихий океан

المحيط الهادي

Индийский океан

المحيط الهندي

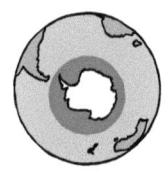

Антарктический океан

المحيط المتجمد الجنوبي

Северный Ледовитый океан

المحيط المتجمد الشمالي

Северный полюс

القطب الشمالي

Южный полюс
القطب الجنوبي

Антарктика
منطقة القطب الجنوبي

земля
أرض

суша
بلاد

море
بحر

остров
جزيرة

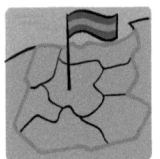

нация
امة

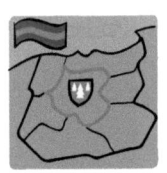

государство
دولة

циферблат

ميناء الساعة

часовая стрелка

عقرب الساعات

минутная стрелка

عقرب الدقائق

секундная стрелка

عقرب الثواني

Который час?

شعال راها الساعة؟

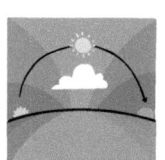

день

يوم

время

زمن

сейчас

دروك

электронные часы

ساعة رقمية

минута

دقيقة

час

ساعة

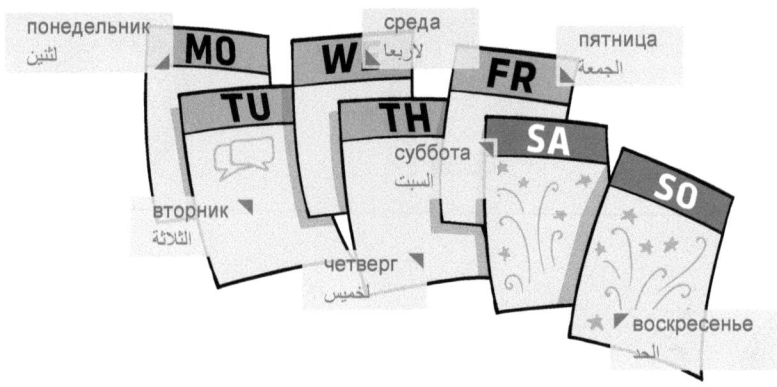

понедельник لثنين
среда لاربعا
пятница الجمعة
вторник الثلاثة
суббота السبت
четверг لخميس
воскресенье الحد

вчера

لبارح

сегодня

اليوم

завтра

غدوا

утро

صباح

полдень

القايلة

вечер

العشية

рабочие дни

يامات الخدمة

выходные

ويكاند

год

العام

дождь
النو
радуга
قوس قزح
ветер
الريح
снег
ثلج
весна
الربيع
осень
الخريف
лето
الصيف
зима
الشتا

4.APRIL 11°
5.APRIL 4°
6.APRIL 13°
7.APRIL 8°
8.APRIL 10°

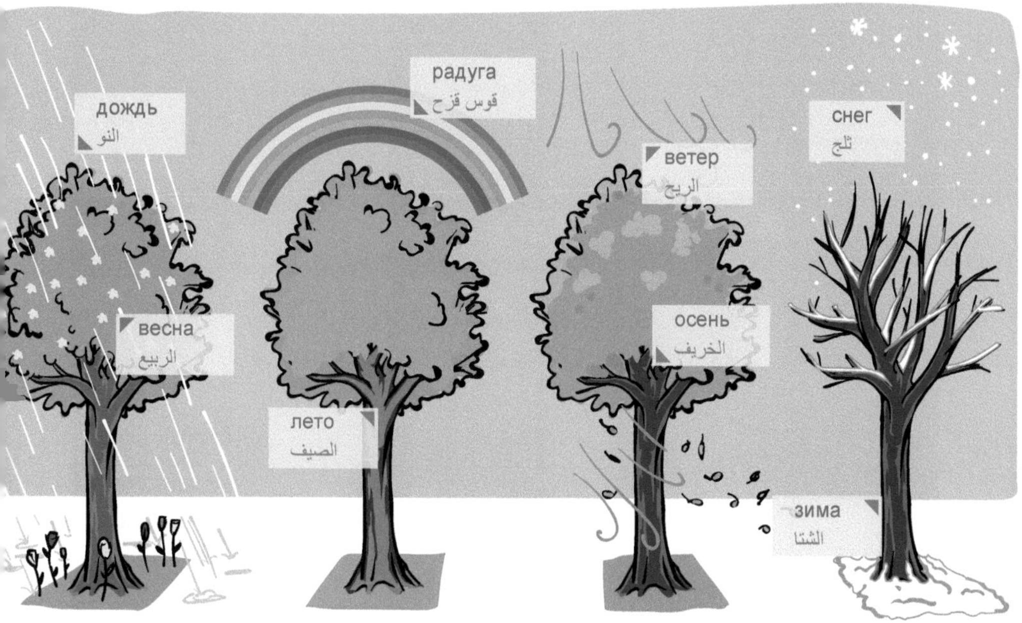

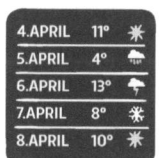

прогноз погоды

يتنبأ بالحال

F
120
90
60
30
0
-30
C
40
30
20
10
0
-10
-20

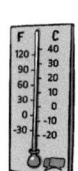

термометр

مقياس حرارة

солнечный свет

ضوء الشمس

туча

سحابة

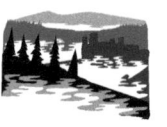

туман

ضباب

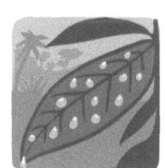

влажность воздуха

ميديتي

молния

برق

гром

رعد

буря

عاصفة

град

بَرَد

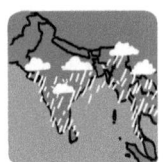

муссон

ريح

наводнение

طوفان

лёд

جليد

январь

جانفي

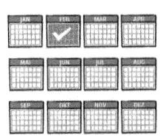

февраль

فيفري

март

مارس

апрель

افريل

май

ماي

июнь

جوان

июль

جويلية

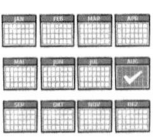

август

اوت

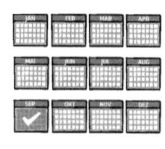

сентябрь

سبتمبر

октябрь

اكتوبر

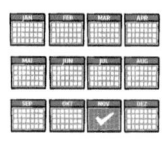

ноябрь

نوفمبر

декабрь

ديسمبر

формы

فورما

круг

دويرة

квадрат

مربع

прямоугольник

مستطيل

треугольник

مثلث

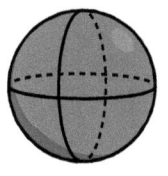

шар

كويرة

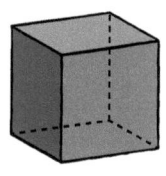

куб

مكعب

белый

بيض

желтый

صفر

оранжевый

تشيني

розовый

روز

красный

حمر

лиловый

حلحالي

синий

زرق

зелёный

خظر

коричневый

قهوي

серый

قري

черный

كحل

много / мало

بزاف / شوية

яростный / мирный

زعفان / مكالمي

красивый / уродливый

شباب / مشي شباب

начало / конец

البدية / التالي

большой / маленький

كبير / صغير

светлый / темный

فاتح / فونسي

брат / сестра

خو / خت

чистый / грязный

نقي / موسخ

полный / неполный

كامل / ناقص

день / ночь

نهار / اليل

мёртвый / живой

ميت / حي

широкий / узкий

عريض / ضيق

съедобный / несъедобный

يقدو ياكلوه / ميقدروش ياكلوه

злой / дружелюбный

شرير / ناس ملاح

взволнованный / скучающий

يثير / يمل

толстый / худой

سمين / رقيق

сначала / в конце

اللولا / التالية

друг / враг

الصاحب / لعدو

полный / пустой

معمر/ فارغ

твёрдый / мягкий

قاصح / سوبل

тяжёлый / легкий

ثقيل / خفيف

голод / жажда

جوع / عطش

больной / здоровый

مريض / صحيح

незаконный / законный

غير شرعي / شرعي

умный / глупый

ذكي / مبوقل

слева / справа

يسار / يمين

близко / далеко

قريب / بعيد

новый / подержанный

جديد / مستعمل

ничто / нечто

مكانش / شوية

старый / молодой

ثيباني / شاب

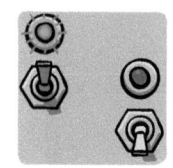

включено / выключено

يشعل / يطفئ

открыто / закрыто

محلول / مبلع

тихо / громко

بشوية / بلقور

богатый / бедный

مرفح / زوالي

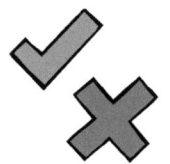

правильный /
неправильный

نيشان / خاطيء

шероховатый / гладкий

حرش / رطب

печальный / счастливый

زعفان / فرحان

короткий / длинный

قصير / طويل

медленный / быстрый

بشوية / بلخف

мокрый / сухой

مشمخ / ناشف

тёплый / прохладный

حامي / بارد

война / мир

القيرة / لامان

0
ноль

صفر

1
один

واحد

2
два

زوج

3
три

ثلاثة

4
четыре

ربعة

5
пять

خمسة

6
шесть

ستة

7
семь

سبعة

8
восемь

ثمانية

9
девять

تسعة

10
десять

عشرة

11
одиннадцать

حداعش

12

двенадцать

ثناعش

13

тринадцать

تلطاعش

14

четырнадцать

رباطاعش

15

пятнадцать

خمسطاعش

16

шестнадцать

سطاعش

17

семнадцать

سبعطتعش

18

восемнадцать

ثمنطاعش

19

девятнадцать

تساعطاش

20

двадцать

عشرون

100

сто

مية

1.000

тысяча

ألف

1.000.000

миллион

مليون

английский

انقلي

американский английский

انغلي تاع مريكان

мандаринский китайский

لغة الشنوية

хинди

الهندية

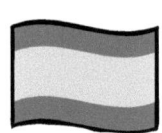

испанский

سبينيولية

французский

القرونسي

арабский

العربية

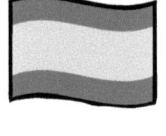

русский

الروسية

португальский

البوتغالية

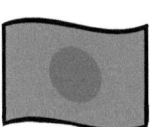

бенгальский

البنغالية

немецкий

لالمنية

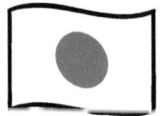

японский

الجابونية

я

انا

ты

نتا

он / она / оно

هو

мы

حنايا

вы

نتوما

они

هوما

кто?

شكون

что?

واش

как?

كيفاش

где?

وين

когда?

وقتاش

имя

الاسم

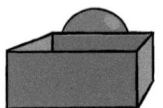

за

مرول

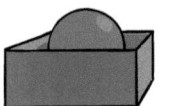

в

في

перед

قدام

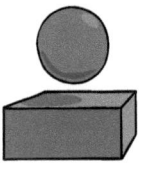

над

فوق

на

على

под

تحت

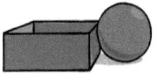

рядом

حدا

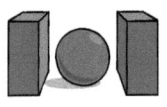

между

بين

место

بلاصة